FRANCE ET BOURBON,

PROLOGUE

EN DEUX TABLEAUX,

POUR

L'OUVERTURE DU THÉATRE

DES ARTISTES DRAMATIQUES,

SOUS LA DIRECTION DE M. COLOMBAT, A L'ÎLE BOURBON.

PAR M. PLUCHONNEAU AÎNÉ,

ANCIEN HABITANT DE LA COLONIE.

PARIS,

IMPRIMERIE DE PIHAN DELAFOREST (MORINVAL),

RUE DES BONS-ENFANS, N°. 34.

1835.

FRANCE ET BOURBON,

PROLOGUE

EN DEUX TABLEAUX,

POUR

L'OUVERTURE DU THÉATRE

DES ARTISTES DRAMATIQUES,

SOUS LA DIRECTION DE M. COLOMBAT, A L'ÎLE BOURBON.

PAR M. PLUCHONNEAU AÎNÉ,

ANCIEN HABITANT DE LA COLONIE.

IMPRIMERIE DE PIHAN DELAFOREST (MORINVAL),
RUE DES BONS-ENFANS, N°. 34.

1835.

PREMIER TABLEAU.

PERSONNAGES.   ACTEURS.

PERSONNAGES.	ACTEURS.
DERVAL.	M^{rs}. HIPPOLYTE st.-ELME.
LA COMTESSE D'ALBOS.	LA DUÈGNE.
VENDREDI, esclave de Derval.	PRUDHOMME.
DOLBAN, homme à hautes préten- tions.	GRANDJEAN.
JULIE, fille de la Comtesse.	Mlle. HORTENSE.

DEUXIÈME TABLEAU.

ACTEURS.

Dans le deuxième tableau, un rideau de fond se lève et laisse voir les acteurs costumés dans leur emploi, rangés en demi-cercle.

M^{rs}. H. LECOURT.
GIRARDOT.
Mlle. LEMÉRY.
Mlle. BOUVARET (ou son emploi).
Mme. SCRIWANEK.
M^{rs}. PETIT WALTER.
WARNIER.
Mmes. PETIT WALTER.
DOUX.
Mlle. HORTENSE.
M. PÉRICHON.
Mme. PERICHON.
Le reste des acteurs et des figurans.

Les acteurs du 1er. tableau restent placés sur l'avant-scène.
La scène se passe à St.-Denis; le théâtre représente un salon de cette ville.

PREMIER TABLEAU.

SCÈNE PREMIÈRE.

LA COMTESSE D'ALBOS, DERVAL.

LA COMTESSE.

En vérité, mon cher Derval, j'ai de la peine à le croire.

DERVAL.

Rien n'est plus vrai, cependant.

LA COMTESSE.

C'est encore de la poudre que l'on nous jette aux yeux. On nous a toujours beaucoup promis en fait de spectacles, et toutes ces promesses se sont évanouies comme de la fumée.

DERVAL.

Ah! madame, c'est mal juger celui qui s'est donné tant de soins à nous procurer un passe-temps utile et agréable.

LA MARQUISE.

La bonne volonté ne suffit pas toujours; le public en tient rarement compte ; on est sévère lorsqu'on achète le droit de juger.

DERVAL.

Je suis de votre avis, mais j'aime à croire que ce jugement sera favorable aux artistes que nous attendons : ils ne sont pas d'ailleurs à leur coup d'essai, et la bienveillance qu'on a accordée à leurs prédécesseurs, leur est le garant de celle qu'ils osent attendre.

LA COMTESSE.

Ce n'est que la crainte, Derval, qui me fait parler ainsi ; lorsque je porte mes souvenirs sur notre belle France, ceux du théâtre ne me sont pas les moins chers, et je vous avoue que pour compléter la vie douce et tranquille de Bourbon, c'est un théâtre et des acteurs qu'il nous faut.

DERVAL.

Vous serez bientôt satisfaite, aimable comtesse : on attend à chaque moment l'infatigable M. Colombat, ses acteurs, ses mucisiens, et enfin tout cet appareil de plaisir qui nous est destiné.

Air : *Dans la chambre où naquit Molière* (ou *à faire*).

> Amis d'une aimable folie,
> Tous ces argonautes nouveaux,
> Vont en disciples de Thalie
> Nous distraire de nos travaux.
> Ils chercheront toujours à plaire,
> C'est-là leurs plus chères leçons,
> Et c'est dans l'accueil des Colons
> Que sera leur plus doux salaire.

LA COMTESSE.

Ils doivent y apporter tout le zèle possible ?

DERVAL.

Je ne crains pas de vous l'assurer.

Air : *Amis, voici la riante semaine.*
Ou *Allons Babet un peu de complaisance* (ou *à faire*).

> Je tiens pour vrai que notre colonie
> Aime les arts et connaît tout leur prix ;

Que l'on y trouve esprit, talens, génie.
Tout aussi bien, Madame, qu'à Paris.   (*bis*).

LA COMTESSE.

Je dois aussi dire ce que j'en pense
Et faire ici des aveux qui sont dus,
Jointe au bon goût on trouve l'indulgence,
Et c'est encore un mérite de plus.

SCÈNE II.

VENDREDI, LA COMTESSE, DERVAL.

VENDREDI.

Madame, gros navire, moncié Colombat, l'a fini arrivé.

DERVAL.

C'est au mieux; tu nous annonces une joyeuse nouvelle.

VENDREDI.

N'a n'a beaucoup blancs comédiens, ensemble la mizique.

DERVAL.

Mais c'est à ravir.

LA COMTESSE (*à Vendredi.*)

Tu les as donc vus?

VENDREDI.

Moi l'a tout vi : M. Colombat l'a decendi côté Borachois: tous blancs entoure l'y ; demande comment l'y sa va ; quoique l'y l'a méné? Après ot causé, toute son zamis l'a decendi dans grand pirogue moncié Crémazy, toute blancs qui joué comédie ensemble miziciens.

LA COMTESSE.

C'est bien, mon ami.

DERVAL.

Voilà, j'espère, une moisson de plaisir qui nous attend.   (*Vendredi sort.*)

SCÈNE III.

LES PRÉCÉDENS.

DERVAL.

Au milieu de cet avenir théâtral, un avenir plus impor-
tant pour moi, m'occupe et m'inquiète ; c'est le mien.

LA COMTESSE.

Votre fortune doit vous mettre au-dessus d'un semblable souci.

DERVAL.

Air : *De Nanine.* (De ma Nanine amant modeste.)

> La fortune, ce bien suprême
> Hélas suffit-il à nos vœux ?
> Mais être aimé de ce qu'on aime
> Est un bonheur digne des Dieux !
> De tous les trésors qu'on envie
> Un seul vient agiter mon cœur,
> Ce trésor charmant est Julie
> Et c'est en lui qu'est mon bonheur.

LA COMTESSE.

L'aveu est sincère et me flatte, mais sur ce point, mon cher Derval, je ne dois consulter que le cœur de ma fille.

DERVAL.

Ah madame ! je n'ose me flatter qu'il réponde à mes vœux, et je ne saurai vous taire tout le mal que j'éprouve des assiduités de M. Dolban ; sa fortune est grande, sa famille, puissante...

LA COMTESSE, *riant*.

Quoi, Derval, vous seriez jaloux ?

DERVAL.

Il est si naturel de l'être quand on aime.

LA COMTESSE.

Je suis de votre avis, mais je ne crois pas que Dolban soit homme à vous inspirer le moindre ombrage ; ensuite, Julie est jeune, et je crois que l'idée des plaisirs que nous promettent nos nouveaux acteurs est ce qui l'occupe le plus en ce moment.

DERVAL.

Si je ne me flatte pas, j'ai cru m'apercevoir...

LA COMTESSE.

De son indifférence, sans doute... Mais voici Dolban qui arrive fort à propos pour donner le change à notre entretien.

SCÈNE IV.

DOLBAN, LES PRÉCÉDENS.

DOLBAN.

(*A part.*) Mon rival avec la comtesse. (*Haut.*) Bonjour, belle comtesse.

LA COMTESSE, *s'inclinant.*

Que vous êtes aimable aujourd'hui...

DOLBAN, à *Derval.*

Monsieur, j'ai l'honneur de vous saluer.

DERVAL.

Agréez mes salutations, monsieur.

LA COMTESSE (*à part*).

Ils sont plaisans tous deux.

DOLBAN.

Vous savez la nouvelle?

LA COMTESSE.

Mon Dieu, nous nous en doutons.

DOLBAN.

M. Colombat et sa troupe viennent d'arriver.... C'est incroyable!... Une véritable macédoine dramatique : tous les genres.... des Falcon, des Dorus, des Grisi, des Noblet, des Cynti, des Volnis, des Inchindi, des Ponchard, des Déjazet, des Mars, des Georges, des Achard, des Touzet, des Ligier, des Arnal, des Lepeintre, des Vernet, des Odry, des Legrand, des Lhéric, des Debureau, et

que sais–je encore ; car M. Colombat a mis à contribution
tous les emplois et tous les théâtres ; l'Académie-Royale
de musique, l'Opéra-Comique, les Français, les Italiens,
le Palais-Royal, le Vaudeville, la Porte-Saint-Martin, le
Gymnase, les Variétés, le théâtre Ventadour, l'Ambigu-
Comique, le Cirque-Olympique, les Folies-Dramatiques,
Mme Saqui, les Funambules, le Luxembourg, le théâtre
Montmartre, Belleville, l'Odéon, M. Comte et les Jeunes-
Élèves, et si la Gaîté n'avait pas brûlé, il apportait à
Bourbon toute la gaîté de Paris... Pour tous ces genres,
il a mis à contribution Paris, Lyon, Bordeaux, Mar-
seille, Nantes, Amiens, Rouen, Poitiers, Nîmes,
Montpellier, Rennes, Toulouse, Clermont, Limoges et
Paimbœuf. Ce n'est pas tout ; la musique est excellente,
et depuis l'orgue jusqu'à la grosse caisse, y compris les
timbales et la serinette, rien ne manquera à ce séduisant
orchestre.

(Ce monologue doit être vivement débité.)

DERVAL (à part).

Le fat !

LA COMTESSE.

En vérité vous faites à merveille l'apologie de nos artistes.

DOLBAN.

Quant à moi, blasé sur les plaisirs de Paris, j'augmen-
terai rarement la foule des spectateurs.

LA COMTESSE.

Vous vous priverez d'un aimable plaisir ; je crains que
Julie ne tombe dans un excès contraire.

DOLBAN.

Je saurai y mettre ordre.

DERVAL (*à part*).

L'impudent ! je n'y tiens plus. (*Haut.*) A vous entendre parler, monsieur, il semble que vous possédiez déjà mademoiselle Julie.

DOLBAN.

Ceci, monsieur, est mon secret.

LA COMTESSE.

J'avoue que cette conversation me paraît inconvenante.

DOLBAN.

Madame...

DERVAL, *à la comtesse*.

Vous verrez que monsieur va justifier ses prétentions.

LA COMTESSE.

Je ne sais sur quoi elles sont fondées.

DOLBAN.

AIR : *Je loge au quatrième étage.*

J'ai de l'honneur, de la fortune,
Je compte de nobles ayeux,
Et lorsqu'un rival m'importune
Je sais le congédier au mieux.　　　　　(*bis.*)

DERVAL.

On doit respecter tant de gloire
Et tous ces prodiges nouveaux.....
Mais moi je veux voir, pour le croire
Comment vous traitez les rivaux.

DOLBAN.

Vous l'apprendrez à vos dépens.

DERVAL.

C'est ce que je suis impatient de savoir.

LA COMTESSE.

En vérité, messieurs. c'est manquer à toutes les con-
venances, et si...

DOLBAN, *à la comtesse.*

Je veux le corriger...

DERVAL, *à la comtesse.*

Sans le respect que je vous dois, madame, ce brava-
che effronté...

DOLBAN.

Jeune homme, savez-vous où est le jardin du roi?

DERVA.L

On ne vous y a jamais vu qu'à la promenade, et je
doute que vous vous y rendiez pour un autre motif.

LA COMTESSE.

Je quitte l'entretien et vais vous laisser le champ libre.

DERVAL.

Ah ! madame, je vous demande pardon...

(Elle va pour sortir.)

SCÈNE V.

JULIE, LES PRÉCÉDENS.

JULIE, *avec l'expression de la joie.*

Chère maman, je suis aux anges; que de soirées de plaisir je me promets déjà... Tu ne m'en refuseras pas une, n'est-ce pas?

DOLBAN.

C'est un plaisir dispendieux, belle Julie.

JULIE.

Fi donc, monsieur! Seriez-vous de ces hommes qui interdisent, soit par esprit ou par avarice, toute espèce de plaisir aux femmes? Si c'est-là votre goût, je vous dispense d'en faire l'éloge à ma mère.

LA COMTESSE.

Je sais, ma chère Julie, ce que j'ai à faire là-dessus.

DERVAL.

On ne peut trouver en effet un plaisir plus doux et plus profitable.

DOLBAN, *à la comtesse.*

C'est ruineux...

JULIE.

Gardez vos conseils pour vous, monsieur; restez dans votre chambre comme un hibou, quant à moi je veux aller au spectacle... et... j'irai...

DOLBAN, *à part.*

Quelle petite tête!... ça promet!

LA COMTESSE.

Il me faudra donc prendre un abonnement?

JULIE, *vivement.*

Pour cinq ans, bonne mère.

DOLBAN.

Ouf!...

DERVAL.

Serai-je assez heureux pour vous accompagner.

JULIE.

Que vous êtes aimable.

DOLBAN, *à part.*

J'enrage.

LA COMTESSE

Il ne faut rien décider à présent, nous verrons plus tard.

DERVAL.

Cette promesse n'a rien qui doive vous inquiéter.

DOLBAN.

Je ne vois pas la chose comme vous.

DERVAL, *sèchement.*

C'est possible, monsieur.

DUO.

Air : *Allons chercker le notaire.* (Prima Donna).

JULIE.	DOLBAN.
Moi j'aime la comédie,	J'aime peu la comédie
Chaque soir on m'y verra,	Rarement on m'y verra,
Si jamais je me marie,	Si jamais je me marie,
Mon époux m'y conduira.	Ma femme s'en passera.

JULIE, *seule*.

Je sais bien ce qu'il faut faire
Pour remédier à cela.....
J'en ferai chez le notaire
Un article du contrat.

ENSEMBLE.

JULIE.	DOLBAN.
Moi j'aime la comédie, etc.	J'aime peu la comédie, etc.

LA COMTESSE.

Que dites-vous, messieurs, de la profession de foi de Julie?

DERVAL.

Qu'elle est charmante et pleine de franchise.

DOLBAN.

Que c'est un aveu qui donne matière à réflexion.

JULIE.

On vous en dispense, monsieur.

DERVAL.

Quant à moi, si je me marie, je n'aurai pas de plus grand plaisir que de conduire ma femme au spectacle.

LA COMTESSE.

Avant de se marier on promet beaucoup, et ensuite...

JULIE.

Ah maman! c'est faire injure à Derval.

DOLBAN, *à part*.

La friponne !

DERVAL.

Chère Julie, puisque nous partageons les mêmes goûts,

et peut-être... les mêmes sentimens, pourquoi ne pas l'avouer, pourquoi différer mon bonheur?

DOLBAN *à Derval, fortement.*

Monsieur...

DERVAL *à Dolban.*

Je n'ai rien à vous répondre; j'ai accepté toutes les conséquences de la rivalité. (*A Julie.*) Oui, aimable Julie, c'est à vous plaire que je mettrai tous mes soins; les bals, les plaisirs, les spectacles, tous ces rêves brillans d'une imagination de votre âge seront accomplis, et je ne me trouverai heureux que lorsque je vous saurai la plus heureuse des femmes. (*A la comtesse.*) Et vous, madame, dont le veuvage semble réclamer un appui, vous le trouverez dans votre gendre qui chaque jour bénira celle qui lui aura donné un semblable trésor. (*Il prend la main de Julie.*)

LA COMTESSE.

J'aime ma fille, Derval, et je ne voudrais pas, le moins du monde, contrarier son inclination; sa parole sera la mienne.

DOLBAN, *à part.*

Vous allez voir qu'elle l'épousera pour aller à la comédie.

JULIE (*avec trouble*).

Bonne mère...

DOLBAN, *à part.*

La voilà, la voilà... Maudite comédie... infernal Colombat! c'est peut-être lui qui dérange tous mes projets!

DERVAL.

Ah ! Julie, mon bonheur est certain... c'est à le mériter que je vais à présent employer tous mes instans.

DOLBAN, *à part.*

Je donnerais tout au monde pour que ce Colombat et ses acteurs eussent été mangés par les *bibis* de la côte d'Afrique.

LA COMTESSE, *à Derval.*

Je vois qu'il faut se rendre... C'est encore deux heureux que les arts auront faits de plus...

DOLBAN.

AIR : *De la Catacoua.*

J'aurais voulu qu'en ses voyages
Ce Colombat fût immolé
Par quelques bons antropophages,
Ou qu'un requin l'eût avalé.
De sa réussite j'enrage,
Et je m'en vengerai vraiment ;
   Car à présent
   Je n' sais comment
Anéantir cet amant
    Concurrent ;
Et je vais donc faire naufrage
Quand les autres ont eu bon vent.

DERVAL.

Et moi, monsieur, je bénis l'arrivée des artistes, puisqu'ils ont accéléré mon bonheur.

DOLBAN, *avec arrogance.*

Vous n'en jouirez peut-être pas.

DERVAL.

Je ne crains pas l'obstacle que vous pourriez y apporter. (*A l'oreille.*)Dans une heure je suis à vous. C'est entendu ?

DOLBAN.

Toute réflexion faite, vous avez la parole de mademoiselle et le consentement de madame ; vous êtes donc l'époux futur que le sort a favorisé, et comme un époux n'est point un rival, vous devez jouir en paix de ce qui vous appartient. Je vous ai dit que je n'en voulais qu'à mes rivaux.

LA COMTESSE.

Cet aveu me réconcilie avec vous.

JULIE, *avec ironie.*

Il est prudent et je vous en félicite.

DERVAL, *à Julie.*

J'ai voulu, charmante Julie, vous ménager une surprise agréable ; par mes soins, j'ai réuni en ces lieux les artistes que M. Colombat dirige, et par anticipation sur les plaisirs qu'ils vous promettent, ils vont, en sollicitant votre indulgence, apporter tout leur zèle à vous plaire et à mériter les suffrages du public.

LA COMTESSE.

C'est de la dernière galanterie.

DOLBAN.

Voilà une séance qui va beaucoup m'amuser !
(*Dans ce moment, un rideau de fond se lève et laisse voir toute la troupe rangée en demi-cercle. Les acteurs du prologue sont sur l'avant-scène L'orchestre fait entendre un morceau choisi.*)

2

(Après l'exécution du morceau, Derval s'adresse à
M. Lecourt, et chante les paroles suivantes :)

DERVAL.

Air : *Votre fortune est faite.*
Ou *Suzon sortant de son village.*

Allons, mes amis, point de gêne ;
Sachons réunir nos efforts,
Et dans les jeux de Melpomène
Faisons éclater nos transports.
Charmante ivresse,
Douce tendresse
Présideront à nos simples chansons,
Notre espérance
Et l'indulgence
Naissent déjà dans les cœurs des Colons ;
Loin de la cabale ennemie,
Nous pourrons braver ses propos.....
Et nous répéterons ces mots :
Gloire à la colonie.   (*bis*).

CHŒUR DES ACTEURS DU PROLOGUE.

Et nous répéterons ces mots :
Gloire à la colonie.

M. H. LECOURT.

Air : *Ah ! quel plaisir d'être soldat.*

C'est un bonheur d'être à Bourbon,   (*bis*).
Nous retrouvons la France
Dans l'accueil (*bis*) du colon ;
Et chez nous (*bis*) l'espérance
Dans nos cœurs marche à l'unisson ;
C'est un bonheur (*ter*) d'être à Bourbon.   (*bis*).
Déjà le temple de Thalie

Se pare d'un brillant concours,
Le plaisir l'aimable folie
Furent créés pour les amours.
Voyez déjà de toutes parts accourir l'essaim de ces belles,
Tout fera naître le désir ;
Venez, venez, venez, venez beautés rebelles
A ce charmant plaisir.   (*bis*).
C'est un bonheur d'être à Bourbon,   (*bis*).
Nous retrouvons la France
Dans l'accueil (*bis*) du colon ;
Et chez nous (*bis*) l'espérance
Dans nos cœurs marche à l'unisson ;
C'est un bonheur (*ter*) d'être à Bourbon (*bis*).

LA COMTESSE, *à Dolban.*

Eh bien Dolban ! que dites-vous de cela?

DOLBAN.

Eh !... madame...

JULIE.

Vous verrez qu'il se réconciliera avec le théâtre, comme
il se réconcilie avec ses rivaux.

DERVAL.

L'épigramme est piquante. (*A* Mlle *Leméry.*) A vous,
mademoiselle, s'il vous plaît.

Mlle LEMÉRY.

AIR : *Du Barbier de Séville* (Rosini).

(Introduction du 2me. acte.)
Nous sommes au but du voyage,
Nous prenons nouvel essor,
Et sans faire naufrage
Nous arrivons dans le port.
Salut, belle colonie,
Palmiers toujours verts et fleuris

2..

Tu nous rappelles l'Italie,
Salut encor, beau pays ;
A nos vœux reste propice,
Encourage nos efforts,
Seconde nous dans la lice
Où nous exhalons nos accords.
Encouragés par ton sourire,
Avec plaisir nous pourrons dire :
Ici, tout séduit, tout inspire,
Heureux séjour,
Fait pour l'amour,
Ciel pur, terre chérie,
Voilà ce qu'on nous a promis !
On peut se faire une aimable patrie
Où l'on a des amis.

M. Doux (*Martin*).

Air *des Deux Nuits*. (Acte 1er., scène vi. Victor.)

Du Dieu des mers j'ai bravé la furie,
Et l'Océan mobile à mes vœux s'est calmé.
Bientôt nous admirons cette rive fleurie,
Ce ciel toujours si pur et cet air embaumé !
Au haut des mats le matelot s'élance ;
Sa joie éclate, il chante, il est heureux,
Il touche au port, objet de tous ses vœux ;
Il va retrouver l'abondance.
Plus de soucis, d'ennuis amers,
Plus d'écueils, plus de vastes mers,
Et pour charmer son voyage,
Il rêve de tendres amours ;
Tout lui promet d'heureux jours
Jamais troublés par l'orage.
Au loin déjà l'on entend le canon,
La mer d'azur paraît calme et tranquille,
Le pilote est dans un esquif fragile ;

Voilà nos vœux, nous sommes à Bourbon.
Bien ! Bien ! Bien !...
Allons, fils d'Épicure, inventez des plaisirs,
Goûtons-les tous, et comblons nos désirs.

(Il s'adresse à la troupe réunie.)

Allons, allons, courage,
Que tout soit mérité,
Comptons sur le suffrage,
Comptons sur la bonté.
Les enfans de Thalie,
Amis des jeux, des ris,
Ont dans la colonie
Autel comme à Paris.

*(S'adressant aux acteurs qui
ont joué dans le prologue.)*

Ce sera beau vraiment !

(Aux acteurs du fond.)

Que sans fard, sans contrainte,
Tout agisse en ces lieux ;
On n'a jamais de crainte
Dans les cœurs généreux.

(Il montre le public.)

Ici Momus préside,
Ce Dieu qui sait charmer,
Sera pour nous le guide
Qui doit nous faire aimer !

(Se tournant vers le public.)

C'est mon vœu le plus doux.

(Aux acteurs.)

Mais nous avons encore une aimable espérance...

(Au public.)

Bourbon aime les arts comme on les aime en France.
Allons, allons, unissons nos efforts.

(*Aux acteurs du prologue.*)

Venez seconder nos accords ;
   Sons mélodieux ,
    Élevez-vous aux cieux ,
   Soyez dignes des Dieux ,
 Des Dieux , des Dieux , des Dieux.
Chantons en chœur, soyons heureux,
Plaisons aux beautés de ces lieux !...

CAVATINE.

(*Aux acteurs du fond.*)

Commençons sans plus attendre ,
Que la coquette et le bourgeois ,
Avec Philis daignent s'entendre
   Pour charmer l'ennui des rois.
   Chantez donc, simples grisettes ,
   Le couplet fils de l'amour,
   Bergers , prenez vos musettes ,
   Il faut célébrer ce jour ;
   Présage heureux de nos fêtes.
   Que tout dise à l'unisson
   Parons de lierre nos têtes ,
   La gaîté naît à Bourbon.
Sexe enchanteur que j'adore ,
    Je chante pour toi ,
    Si ma voix t'implore,
    Ah, protége-moi !
    Que ton doux sourire
    Sache au moins me dire
    Ce qu'amour t'inspire
    Dans ce beau moment.
    Sur tes pas il vole ,
    Aimable créole ,
    Si mon âme est folle ,
    Calme son tourment.

La Vénus du célèbre Apelle ,
Dont vingt beautés firent les traits ,
A mes yeux se montra moins belle ,
Et réunit bien moins d'attraits.
Si j'ai pu t'émouvoir mon destin sera beau ,
Si j'entends... bravo, bravo !
Et si l'écho redit bravo, bravo,
Dans ce début nouveau
Ma gloire doit être immortelle ,
Et désormais mes couplets bien reçus,
Rediront mon triomphe et tes rares vertus.

M. PETIT WALTER, *première basse-taille.*

(SCÈNE VI du chalet.— *Max à ses soldats.*)

RÉCITATIF.

[PETIT WALTER , *à la troupe.*

Amis qu'un même sort joint à mes destinées ,
Avec moi célébrez les charmes d'un beau jour,
C'est le prélude heureux d'autres belles journées
Dans le temple où Comus doit rassembler sa cour.

AIR : *Chalet* (scène VI).

Charmante colonie ,
Riant et beau séjour ,
Salut , île chérie ,
Beau pays de l'amour.
On m'avait fait de son rivage
Un tableau perfide et menteur,
Aujourd'hui je te rends hommage
Et j'abjure ici mon erreur.
Charmante colonie ,
Riant et beau séjour ,

Salut , île chérie ,
Beau pays de l'amour.

(Il écoute et entend un air d'opéra dans le lointain.)

Écoutez..... écoutez...... ces airs chéris ,
Je me crois encore à Paris.

(A la troupe.)

Au pied des montagnes
Charmons nos loisirs ;
Aimables compagnes ,
Chantez les plaisirs.
Douceur infinie ,
Sons mélodieux,
Aimable harmonie,
Viens charmer ces lieux.
Chantons, qu'on s'unisse :
Sur ces bords charmans
Que tout retentisse
Et parle à nos sens.
Honneurs qu'on envie ,
Dignités, grandeur,
Fuyez..... La folie
Est chère à mon cœur.
Au pied des montagnes,
Charmons nos loisirs ,
Aimables compagnes
Chantez les plaisirs.
Douceur infinie ,
Sons mélodieux,
Aimable harmonie,
Viens charmer ces lieux.

M. WARNIER , *deuxième basse-taille, sur l'avant-scène.*

(Au public.)

AIR : *Prenons d'abord l'air bien méchant* (d'Adolphe et Clara).

> Sur des succès dois-je compter,
> Et n'est-ce pas folle espérance
> De prétendre bientôt capter
> Votre estime et votre indulgence ?
> Si j'en étais le possesseur
> Je serais fier de ce suffrage,
> Et je mettrais tout mon bonheur
> A le mériter davantage.

> Eprise d'un zèle si doux
> La troupe va suivre mes traces ;
> Mais nous serions encor jaloux
> D'un sourire obtenu des grâces. (*Il montre les dames*).
> Sexe enchanteur qui dispensez
> Ce feu qui conduit à la gloire,
> Si ce soir vous applaudissez
> Nous vous devrons notre victoire.

Mlle BOUVARET (*ou son emploi*).

AIR : *De la ronde de Nicette dans le Pré aux Clercs.*
(Acte III, scène 1e.)

> A sa gentille amie
> Lucas disait un jour :
> Tout autant que ma vie
> Durera mon amour.

Les roses du bocage
N'ont jamais qu'un printems.....
Dans mon cœur ton image
Saura braver le tems.
Non, non, reprit Lisette
Je dois craindre l'amour,
Il a fait plus d'un tour.
Au bosquet en cachette
   Il guette
   Une fillette.

———

Un soir sur l'herbe tendre
Lucas triste et rêveur
Au loin faisait entendre
Ses accens de douleur.
Ah! viens calmer la peine
Où je suis sans retour,
Porte avec moi la chaîne
Où me retient l'amour.
Non, non, cria Lisette
Je dois craindre l'amour,
Il a fait plus d'un tour.....
Au bosquet en cachette
   Il guette
   Une fillette.

———

Mais bientôt moins rebelle
Aux accens du plaisir,
A son amant fidèle
Lisette vint s'unir.
Aux cœurs durs à se rendre
Prêchant de douces lois,

Ne fit jamais entendre
Ce refrain d'autrefois :
Non, non, point d'amourette,
On doit craindre l'amour,
Il a fait plus d'un tour;
Au bosquet en cachette
 Il guette
 Une fillette.

M. GIRARDOT (*ou son emploi*).

AIR : *Sortez à l'instant.*
Ou *Le perruquier du quartier* (dans les Maris sans femmes,
scène 3.)

Ici nous voyons des rois,
Des princes et des bourgeois ;
Nos guerriers font des exploits,
Nos sénateurs font des lois ,
Et les échos de nos bois
De nos bergers sont la voix ;
 Un amant quelquefois
Pour Philis est aux abois.
 Plus loin la princesse
 Parle à la comtesse
 Qui change de ton
 Pour avoir protection.
 Ici l'ingénue
 Sait baisser la vue
 Au plus petit mot.
Mais son amant n'est pas sot ;
Car il a tout deviné ,
Sans en paraître étonné.
 Un auteur sans façon
Là, compose une chanson ,
Et plus loin un orateur

Boit avec un rotisseur.
    Un jeune damoiseau
Se mire et croit être beau.
Et la timide lingère
Cause avec la bouquetière
Qui vend une fleur trop chère
    Surtout au printemps.
Le chapelier de l'étage
Veut coiffer un personnage
        Célèbre en talens ,
        Homme de tout temps.
Enfin dans notre métier
Le noble et le roturier
    Toujours changeant de ton
Vont déjeuner sans façon ,
Sans peur du qu'en dira-t-on ;
Et les caquets du salon
    Complètent la'leçon ,
Vivent Paris et Bourbon.

Mme. **PETIT WALTER** (*ingénue*).

AIR : *L'hermite du hameau voisin.*

Puis-je compter sur mon salut ,
Ah! Messieurs, je tremble d'avance ,
Au théâtre c'est mon début ,
Je réclame votre indulgence   (*bis*).
En guerre, en amour, en procès ,
Notre début est une école ,
Mais si j'obtiens quelque succès ,
Combien je bénirai mon rôle.

M^mc. SCIWANECK (*ou son emploi*).

Air : *De Fiorella* (acte Ier., scène Ire.)

Heureux climat, beau ciel, île chérie,
Pays des arts, de l'amour, de l'honneur ;
C'est dans ton sein qu'on trouve le bonheur
Et tout vient dire à notre âme attendrie :
    Revenez chaque jour
    A l'autel de Thalie,
    Les ris et la folie
    Y conduiront l'amour.

CHŒUR.

Revenez chaque jour, etc.

Dans ces beaux lieux, sur sa lyre sonore
Parny chanta ses plus tendres amours (1).
Sachons aimer et répétons toujours
Ce doux refrain qu'aimait Éléonore :
    Revenez chaque jour
    A l'autel de Thalie,
    Les ris et la folie
    Y conduiront l'amour.

CHŒUR.

Revenez chaque jour, etc.

Mme PÉRICHON (*ou la soubrette*).

Oui vous viendrez pour nous combler d'ivresse,
Tout nous le dit et nous comptons sur vous ;

____

(1) Le poète Parny est né à l'île Bourbon.

Toujours vous plaire est un bonheur si doux
Que dans nos chants nous redirons sans cesse :
    Revenez chaque jour
    A l'autel de Thalie,
    Les ris et la folie
    Y conduiront l'amour.

CHŒUR.

Revenez chaque jour, etc.

(Après l'exécution du dernier chœur, M. Colombat s'avance au milieu de la scène et s'adresse au public.)

(*Les acteurs entourent M. Colombat.*)

MESSIEURS,

    Si le zèle le plus ardent,
    Si le vif désir de vous plaire ,
    Pouvaient suppléer au talent,
  Je pourrais bien sans être téméraire
  Compter toujours sur un concours brillant.
    Mais je sens mon insuffisance ;
A vos seules bontés je dois avoir recours ,
Oui, messieurs, mon bonheur est dans votre indulgence ;
Daignez, je vous supplie , en étendre le cours ,
  En m'honorant tous de votre présence.
Vous , Mesdames , surtout, charme des spectateurs ,
Promettez de venir et tous suivront vos traces :
Le temple de Thalie et de ses doctes sœurs
    Devenu le temple des grâces,
  Sera toujours rempli d'adorateurs.

FIN DU PROLOGUE.